Publications mensuelles de l'Idée Libre. Brochure n° 72

LES CRIMES
DE L'INQUISITION

EDITIONS DE "L'IDÉE LIBRE"

CONFLANS-HONORINE (SEINE ET OISE)

1923

Les Crimes de l'Inquisition

Publications mensuelles de l'Idée Libre. Brochure nº 72

LES CRIMES
DE L'INQUISITION

Brochure de propagande, ornée de six illustrations,
publiée par la Ligue d'Action Anti-Catholique

75 CENTIMES

EDITIONS DE " L'IDÉE LIBRE "
CONFLANS-HONORINE (SEINE ET OISE)

1923

Les Crimes de l'Inquisition

Rien de plus affreux n'exista jamais que l'Inquisition catholique !

Les supplices les plus barbares inventés par les tyrans Assyriens ou par les potentats du centre de l'Afrique pâlissent à côté des forfaits qui ont été commis par l'Eglise, à l'aide du *Saint Office*, pour terroriser l'humanité et la maintenir sous le joug !

Tous les historiens impartiaux se sont élevés contre ces actes monstrueux.

Nous estimons qu'il n'est pas superflu d'attirer à nouveau l'attention publique sur l'Inquisition. Non dans un but de haine sectaire, mais au contraire pour ouvrir les yeux de ceux qui réfléchissent. Tout homme doit comprendre que l'intolérance et le fanatisme sont néfastes, parce qu'ils aboutissent aux pires violences, aux pires tyrannies.

L'Eglise catholique est essentiellement intolérante. Cela découle de ses principes même. Elle prétend représenter Dieu sur la terre. Elle affirme avoir reçu de lui la puissance suprême et détenir l'absolue vérité. « Hors de l'Eglise, pas de salut ! », voilà sa formule.

Mgr d'Hulst n'a-t-il pas déclaré que les athées étaient des anti-sociaux, qu'ils se plaçaient, par leur incrédulité, « en dehors des conditions nécessaires de l'existence sociale » ? La société est impossible sans Dieu, c'est-à-dire sans l'Eglise.

C'est donc un devoir social de frapper les hérétiques, dans l'intérêt supérieur de la collectivité humaine.

Telle est la conception catholique. Elle conduit inévitablement ceux qui lui obéissent aux pires intolérances.

N'allez pas croire surtout que l'Eglise a évolué, qu'elle abandonne ses prétentions d'autrefois ! Il n'en est rien et Renan, dans l'*Avenir de la Science*, a pu écrire avec raison :

« L'Inquisition est la conséquence logique de tout le système orthodoxe. L'Eglise, *quand elle le pourra*, devra ramener l'Inquisition, et si elle ne le fait pas, *c'est qu'elle ne le peut pas*. Car enfin pourquoi cette répression serait-elle aujourd'hui moins nécessaire qu'autrefois ? Est-ce que notre opposition est moins dangereuse ? Non, certes. C'est donc que l'Eglise est plus faible. On nous souffre parce qu'on ne peut nous étouffer. Si l'Eglise redevenait ce qu'elle a été au moyen-âge, souveraine absolue, elle devrait reprendre ses maximes du moyen-âge, puisqu'on avoue que ces maximes étaient bonnes et bienfaisantes. Le pouvoir a toujours été la mesure de la tolérance de l'Eglise. En vérité ceci n'est point un reproche : cela devrait être. On a tort de tourmenter les orthodoxes sur l'article de la tolérance. Demandez-leur de renoncer à l'orthodoxie, à la bonne heure ; mais ne leur demandez pas, en restant orthodoxe, de supporter l'hétérodoxie. Il s'agit là pour eux d'être ou de n'être pas. »

Chaque jour, les faits confirment la thèse de Renan, cela prouve la nécessité de l'effort mené par la Libre Pensée contre la tyrannie des religions.

Nous en pourrions donner des preuves nombreuses. Beaucoup de feuilles catholiques, à l'instar du Bulletin paroissial du Nord que j'ai sous les yeux, n'hésitent pas, aujourd'hui encore, à soutenir l'Inquisition et à écrire :

« L'Eglise a pu établir l'Inquisition en vertu d'un double droit : celui de la défense et celui de la coercition.

« Tout être individuel ou collectif, ayant droit à l'existence, a toujours le droit et souvent le devoir de défendre sa vie contre ceux qui l'attaquent. Or, tel était le cas de l'Eglise, instituée de Dieu et gardienne du dépôt de la révélation. Les hérétiques, en faisant du prosélytisme, propageaient l'erreur, séduisaient les faibles, trompaient les ignorants, causaient la perte des âmes, créaient ainsi à la mère commune de tous les fidèles, des devoirs comparables à ceux d'un père et d'une mère vis-à-vis de leurs enfants que des assassins massacreraient sous leurs yeux. L'Eglise employa d'abord la persuasion pour éloigner les meurtriers des âmes ; et les moyens de persuasion demeurant impuissants, elle eut recours aux peines spirituelles, et ces peines ne suffisant pas encore, elle prit un moyen plus efficace : l'Inquisition. La conservation de ses enfants était à ce prix... »

L'Eglise n'a fait qu'user de son « droit » — le droit de COERCITION ! Voilà qui est franc, au moins.

Un certain M. H. Hello vient de faire paraître (Téqui, 2 fr.), un ouvrage pour lequel les *Nouvelles Religieuses* font une active propagande, intitulé « La Vérité sur l'Inquisition ».

En réalité, c'est l'apologie de l'odieuse jurisprudence catholique, qui fit tant de victimes, qui accumula tant de ruines et qui émascula la malheureuse Espagne.

Pour M. Hello, l'Inquisition était « un tribunal institué par la sagesse de l'Eglise. pour le bien des âmes et la paix de la Société » ! ! !

Le bien des âmes exigeait qu'on vous tenaillât les chairs avec des pinces rougies au feu, qu'on vous torturât de mille façons sadiques, qu'on vous arrachât la langue et qu'on vous crevât les yeux !

Les catholiques ont vraiment des façons charmantes de soigner les âmes de leurs « frères » !

L'*Idée Libre* a relevé l'article publié dans *La Croix* (4-1-1921) par son rédacteur en chef, M. Jean Guiraud.

M. Guiraud, dans cet article, affirmait que l'Eglise avait le droit de poursuivre les idées mauvaises « *jusqu'aux replis les plus cachés de la conscience* » et qu'elle avait bien fait de condamner et de brûler, non seulement les hommes, mais les livres et les écrits hérétiques — afin d'arrêter « les idées nocives et assassines », c'est-à-dire les idées qui déplaisent à Rome.

Enfin, dans la revue *La Réponse,* publiée par l'Abbé Duplessy, chanoine de Paris, on nous apprend (octobre 1922) que l'Eglise « n'a pas à rougir de la responsabilité d'avoir institué l'Inquisition ». S'il s'est produit des abus, ce fut malgré elle ; elle essaya toujours de les combattre ! ! !

« D'ailleurs, en admettant la torture, l'Eglise avait pour but d'arracher les aveux qui amèneraient l'amendement du coupable et finalement lui sauveraient la vie. Elle procédait, somme toute, comme le chirurgien qui ampute un membre pour sauver le corps ; avant l'anesthésie, ces opérations étaient une torture véritable : on n'y recourait pas moins, dans une intention analogue à celle de l'Eglise, qui, ayant en vue beaucoup plus la conversion des accusés que leur châtiment, acceptait de « blesser » le corps pour lui épargner d'être « tué ».

Ainsi s'exprime le subtil abbé Duplessy. Quelle habileté dans le raisonnement et quelle souplesse dans la façon de présenter les choses...

Mais que penser de cette bonne « âme chrétienne » qui torture le corps... pour obtenir la conversion de l'âme ? ! Quelle valeur peut bien avoir une telle « conversion » — aux yeux des hommes d'abord, aux yeux de Dieu ensuite... s'il existe ?

Toutes ces subtilités n'arrivent pas à masquer l'horreur de l'âme catholique, âme de tortionnaire et de tyran.

L'abbé Duplessy veut bien convenir que « nous ne sommes pas obligés de tout admirer dans l'Inquisition ». Heureusement ! — Mais, d'autre part, il prétend que l'Inquisition n'est pas responsable des hécatombes d'hérétiques faites à travers les siècles. C'est l'Etat qui les exécutait, dit-il — et non l'Eglise. Oui, mais... qui est-ce qui les déclarait hérétiques ? Qui donc avait qualité pour se prononcer sur la réalité et sur le degré de l'hé-

SUPPLICE DE LA QUESTION

(d'après Tony JOHANNOT*)*

résie, sinon l'Eglise ? Elle seule, en définitive, prononçait donc la sentence de mort...

Tartufe, à l'instar de Ponce-Pilate, essaie d'esquiver la responsabilité de ses crimes. Il n'y parviendra pas.

Ces quelques citations, toutes récentes ne l'oublions pas, suffisent à montrer que l'Eglise ne renie rien de son passé d'intolérance sanglante.

Elle est restée l'Eglise de l'Inquisition, de Torquemada, des bûchers et des tortures.

Puisque les catholiques actuels osent encore approuver ces horreurs, il n'est pas superflu, on en conviendra, d'en parler à nouveau et de rappeler au peuple trop oublieux le rôle épouvantable de l'Eglise à travers les siècles.

Qu'est-ce que l'Inquisition ?

C'est en France qu'elle eut son berceau. L'Eglise avait essayé de réduire les hérétiques par des violences, dont l'horrible Croisade des Albigeois est restée le plus frappant exemple. Malgré la brutalité de l'Eglise, l'hérésie renaissait et se développait, vivante protestation dressée contre les absurdités du dogme. C'est alors que la Papauté imagina l'institution inquisitoriale, destinée dans son esprit à détruire toute hérésie et à obtenir par la force la conversion des Juifs et des incroyants — dans le but avoué d'affermir le catholicisme romain. Elle y fut aidée par les rois et la plupart des puissants seigneurs, trop heureux d'accueillir ce nouveau moyen d'abrutir et d'opprimer la plèbe.

La création du Saint Office est décidée en 1215, par le 4e Concile de Latran.

L'année suivante, le Concile de Melun ordonne « d'enfumer toutes les cavernes où l'on pourrait croire que des hérétiques se seraient réfugiés ».

Le saint (?) roi Louis IX fit tous ses efforts pour donner une forme stable et définitive à l'Inquisition de France. Son prédécesseur, Philippe-Auguste, n'avait-il pas applaudi l'hécatombe des Albigeois.

Les Inquisiteurs firent de nombreuses victimes, dans le Midi surtout. Mais la violence des guerres de religion, qui secouèrent tout le pays pendant tant d'années, fit obstacle au développement du tribunal abhorré. Les Parlements, les Evêques et les Rois eux-mêmes ne tenaient pas, du reste, à lui laisser un pouvoir illimité. A maintes reprises, les uns et les autres durent réagir contre l'Inquisition. L'Eglise était fort bien défendue, au surplus. Les « Dragonnades » trop célèbres et les persécutions iniques contre les protestants, montrent que les catholiques surent employer tous les moyens pour dominer.

En Allemagne, en Italie, au Portugal et dans la plupart des nations d'Europe (sauf l'Angleterre et la Scandinavie) l'Inquisition fit également des ravages. Mais c'est surtout l'Espagne qui souffrit de ses méthodes criminelles. Ce malheureux pays en est resté dégénéré et émasculé pour longtemps.

M. Edmond Cazal vient de publier un remarquable ouvrage : *Histoire anecdotique de l'Inquisition d'Espagne* (un volume, 13 francs). Nous lui ferons de nombreux emprunts, car il est extrêmement documenté et nous reproduirons aussi un certain nombre des illustrations suggestives qu'il renferme. (Nous remercions très sincèrement la librairie de l'*Edition* de nous avoir donné l'autorisation nécessaire à ce sujet). Le livre de M. Cazal est d'une lecture agréable et émouvante, nous en recommandons vivement la lecture.

La chasse aux hérétiques fut faite, en Espagne, d'une façon féroce. Le roi Ferdinand V prêta le plus large appui aux Dominicains inquisiteurs et il accepta avec empressement la proposition faite par le Pape Sixte IV, concernant les biens des hérétiques.

LE CAVEAU DES TOURMENTS

Il ne suffisait pas, en effet, à ces « bons chrétiens » d'exterminer les citoyens qui ne pensaient pas comme eux, ils voulaient aussi s'enrichir de leurs dépouilles. Un tiers des biens confisqués était donc abandonné au roi d'Espagne et les deux autres tiers étaient répartis entre le Saint-Siège et les Inquisiteurs. Une bulle de Sixte IX ratifia ces arrangements.

Les Inquisiteurs avaient donc tout intérêt, poussés par le lucre et la cupidité, à découvrir le plus grand nombre d'hérétiques possible. Aussi fallait-il peu de chose (et quelquefois rien du tout) pour être l'objet de leurs rigueurs. Un simple propos dans une conversation, plus ou moins fidèlement rapporté par un mouchard, suffisait pour amener son auteur devant le Saint-Office.

La procédure employée était des plus rigoureuses. *Elle était entièrement secrète.* La confrontation de l'accusé avec les témoins qui l'accusaient ou le dénonçaient, était formellement interdite. Combien de malheureux ont été torturés ou brûlés vifs sans pouvoir seulement en soupçonner les motifs, sans connaître de quelle main traîtresse venait le coup qui les frappait, sans pouvoir défendre et démasquer les machinations dont ils étaient les victimes infortunées !

Pour arracher des aveux, l'Inquisition employait la torture, sous toutes ses formes. En principe, les aveux ainsi obtenus n'étaient valables que lorsqu'ils étaient postérieurement confirmés par l'accusé, librement cette fois. Mais dans la pratique, tous ceux qui se rétractaient, tous ceux qui osaient prétendre n'avoir avoué que sous l'influence des tourments, étaient considérés comme des hérétiques impénitents et incorrigibles. On les livrait alors, à ce titre, au bras séculier, pour les punir de leur *opiniâtreté*.

Les Inquisiteurs ne respectaient même pas la mort. Ils faisaient le procès des cadavres, lorsque l'hérétique n'avait pu être puni de son vivant. Le corps était déterré, jugé et ensuite brûlé. Les biens du défunt étaient confisqués au profit de la Sainte-Inquisition ! ! ! Cette comédie sinistre avait un double but : d'abord, frapper de terreur les esprits simples ; ensuite, enrichir l'Eglise.

C'est également pour effrayer le peuple que les exécutions des condamnés avaient lieu en grand apparât. On allumait les *auto-da-fé* (actes de foi) pour y brûler publiquement les hérétiques, en présence des autorités, des évêques, des prêtres et des moines.

Parmi les horreurs de l'Inquisition, il faut signaler celle qui faisait appel à la délation des enfants contre leurs propres parents.

On ne se contentait pas de frapper les hérétiques, on frappait aussi leur descendance. D'abord, en mettant la main sur la fortune de la famille et en privant les héritiers de tous droits à une succession légitime. D'autre part, les enfants d'hérétiques étaient déclarés incapables de remplir des emplois publics et de jouir d'aucun honneur, *exception faite pour ceux qui dénonçaient leur père.*

Gallois cite le cas d'un odieux personnage, Sanchez, qui avait accusé faussement son propre père, dans l'espoir d'être débarrassé de lui en l'envoyant au bûcher ! Par extraordinaire, la manœuvre échoua, mais le délateur s'en tira avec une condamnation à cent coups de fouet. L'Inquisition ne tenait pas à décourager les délateurs en se montrant trop sévère avec ceux qui commettaient des maladresses. La délation n'était-elle pas à la base de tout son système d'espionnage et de tyrannie ? Qu'on compare ce verdict à ceux qui étaient rendus couramment contre les suspects d'hérésie, même lorsque les charges étaient extrêmement légères...

L'individu « légèrement suspect » devait faire abjuration solennelle de l'hérésie, devant toute la population de la ville. Debout sur un échafaud, il devait chanter la messe et se prêter à toute une série de cérémonies grotesques. Chaque jour de fête et tous

LE QUEMADERO

les dimanches de carême, le « réconcilié » devait suivre la procession, en chemise et les pieds nus. Cela durait de trois à sept ans, selon les cas. A la moindre défaillance, le malheureux, convaincu d' « opiniâtreté », était frappé des peines les plus terribles, soumis à la torture, emprisonné jusqu'à la fin de ses jours ou mis à mort.

Les enfants eux-mêmes ne trouvaient pas grâce : une ordonnance de 1488 nous apprend, en effet, que des enfants en très bas âge étaient plongés dans les cachots et qu'il était interdit de les admettre à la « réconciliation » avant l'âge de 14 ans.

· Contre les Juifs, l'Inquisition déploya tout son zèle.

— Je n'aurai de repos, déclarait Torquemada, que le jour où il ne restera plus en Espagne un seul de ces pestiférés.

En 1492, un décret obligea plus de 800.000 Juifs à fuir l'Espagne... abandonnant tous leurs biens aux mains avides de l'Inquisition !

Il ne nous est pas possible de donner ici, faute de place, un aperçu détaillé des tortures infligées par l'Inquisition. André Lorulot a consacré un chapitre de son livre : *Barbarie Allemande et Barbarie Universelle*, aux crimes commis par l'Eglise et l'Inquisition. Nous y renvoyons le lecteur, qui y trouvera des renseignements précis sur le sadisme avec lequel on faisait souffrir les inculpés, et nous nous bornons à extraire de ce volume la citation qu'on va lire. Elle donne une énumération émouvante des supplices infligés :

« Ainsi, la victime avait la plante des pieds exposée sur un bûcher ardent ; ou bien on lui introduisait à l'aide d'un entonnoir dans la bouche de 6 à 12 litres d'eau ; on la montait au plafond à l'aide d'une poulie et on la laissait retomber brusquement pour lui disloquer les membres ; on lui versait du plomb fondu dans la bouche ; on lui donnait des lavements d'huile bouillante ; on lui arrachait les yeux de leurs orbites et on versait du sel à leur place ; on arrachait les seins avec des tenailles rougies au feu ; on gonflait le condamné à l'aide d'un soufflet jusqu'à le faire crever ; on lui arrachait la langue, le nez, les oreilles, les ongles ; on l'épilait lentement ; on lui coupait les membres un

à un ou on le dépeçait tout vivant ; on le couchait sur une
planche garnie de clous ; on l'empalait ; on l'écartelait ; on le
privait d'air , de sommeil, de nourriture, d'eau ; on le flagellait ;
on le rouait ; on lui faisait éclater les os des pouces, des bras,

LA " QUESTION " APPLIQUÉE A UNE FEMME

des jambes, en les serrant dans divers instruments à l'aide de
vis ; on lui mettait sur la tête des cercles de fer rougis au feu ;
on lui versait de la poudre à canon dans la bouche et on
l'enflammait... » (Maurice Barthélemy, cité par A. LORULOT,
Barbarie Allemande, p. 39.)

A Séville, les Inquisiteurs firent construire un épouvantable
four, destiné à cuire quatre hérétiques à la fois : le *Quémadero.*
Les malheureux étaient enfermés à l'intérieur et ils périssaient
lentement, par une combustion lente et affreuse !

Et ces gens-là se réclamaient de Jésus et de la morale évangélique ! ! !

M. Cazal cite une invention plus morbide encore. Elle fut l'œuvre de Ferdinand Valdès, Inquisiteur Général. Il fit construire une statue en fer, représentant la « Sainte Vierge ». L'hérétique était amené dans les bras de la statue, sous prétexte de lui donner « le baiser de la réconciliation ». Il était alors saisi par des griffes implacables, qui le serraient contre la statue ; de celle-ci sortaient des pointes acérées qui lui perçaient les yeux et lui traversaient le corps et le patient agonisait, avant de mourir, dans de sanglantes convulsions. Ce supplice souleva une telle réprobation que l'Eglise, qui avait cette fois dépassé la mesure, dut y renoncer !

Cela ne l'a pas empêché, cette Eglise, de couvrir des milliers d'autres crimes et de canoniser un autre Inquisiteur, Pierre Arbuès d'Epila, qui s'était rendu célèbre, tristement, par le nombre et la laideur de ses forfaits. Frappé par une juste vengeance, on en fit un « martyr de la Foi » et un « Saint » ! On n'est pas difficile, à Rome...

*
* *

Du 5 janvier 1481 au 2 août 1483, les Inquisiteurs espagnols avaient brûlé 2.778 personnes vivantes et 2.698 en effigie; ils avaient condamné 23.352 individus à des peines diverses — et les biens de tous ces condamnés, même les plus modestes, avaient été « raflés ».

Ce fut ensuite le tour de Torquemada !

En 1486, il organise cinq *auto-da-fés*, donnant un total de 3.277 exécutions, pour une seule année, dans une seule ville : Cindad-Réal ! (Cité par M. Cazal, p. 125).

Pendant la durée de ses fonctions, Torquemada fit périr 8.800 personnes ; il en fit condamner, torturer, exiler et ruiner, d'autre part : 89.994 ! Etc., etc. *En tout :* 105.294 victimes.

Quant aux Maures et aux Juifs, c'est par centaines de mille qu'il les fit chasser d'Espagne — au nom du Christ !

LE MOINE FORNICATEUR

Après Torquemada, l'orgie sanglante continua : Diègne Deza fit brûler 2.592 personnes et condamner 32.952 à des peines diverses. Et ainsi de suite.

M. Cazal estime que l'Inquisition espagnole, en trois siècles, a fait brûler au moins *trente-cinq mille personnes ;* qu'elle a torturé et emprisonné plus de *cinq cent mille individus* et qu'elle en a exilé et ruiné *plus de cinq millions !*

Ajoutez à ce total, le nombre des victimes faites par l'Eglise en France, en Italie et dans le monde entier ! Souvenez-vous des Vaudois, des Albigeois, de la Révocation de l'Edit de Nantes ! Etes-vous convaincu du mal que la religion catholique a fait à l'humanité ?

Souvenez-vous du SYLLABUS, publié par le Pape Pie IX en 1864. On y condamne expressément le libre examen et la liberté de conscience ; on y déclare que l'individu n'a pas le droit d'embrasser la religion qui lui plaît et que le gouvernement civil doit s'incliner devant le clergé...

Relisez la *Lettre pastorale* publiée par les Cardinaux, Archevêques et Evêques de France, en 1909 : « L'enfant n'as pas de droit qui puisse prévaloir contre les droits de Dieu... il n'a pas notamment le droit de refuser jusqu'à 18 ans... l'instruction religieuse que ses parents sont tenus de lui donner ou de lui faire donner. »

Et méditez ces paroles toutes récentes (écrites en 1920) d'un publiciste catholique notoire, M. Rocafort : « Si le catholicisme est la vérité, il n'y a pas de constitution, pas de régime, pas de liberté, encore moins d'intérêt personnel ou collectif, qu'on ait le droit de lui préférer. »

Répétons-le : C'est le Catholicisme et le Papisme qui ont fait l'Inquisition. Celle-ci est le fruit naturel du désir que possède Rome de dominer tous les hommes. Les catholiques sont prêts à récidiver... Au nom de l'Humanité et du Progrès, barrons-leur la route et combattons-les sans faiblir !

LIGUE D'ACTION ANTICATHOLIQUE.

HISTOIRE ANECDOTIQUE DE L'INQUISITION

A l'heure où les écrivains catholiques (M. Hello : « La vérité sur l'Inquisition » ; M. Guiraud : *La Croix* ; M. Gohier : *La Vieille France*, etc.), osent encore faire l'apologie du sanglant tribunal « institué par la sagesse de l'Eglise », il est bon de faire connaître ce beau livre qui vient de paraître.

Il a pour auteur un historien érudit et impartial, M. Edmond CAZAL.

On y trouvera l'histoire édifiante du trop célèbre TORQUEMADA et de l'*Inquisition*, depuis sa fondation jusqu'à Napoléon Iᵉʳ.

On pourra y parcourir le cycle des tortures monstrueuses et des crimes innombrables des Inquisiteurs espagnols.

Ce bel ouvrage est orné de nombreuses illustrations documentaires, reproduisant des scènes de l'Inquisition, des portraits, etc. Il est imprimé avec soin, sur beau papier. C'est un livre splendide que tous nos amis voudront posséder dans leur bibliothèque.

En vente à nos bureaux : 12 francs ; franco recommandé : 13 francs. Etranger : 13 fr. 50.

Lire et répandre :

L. GUICHARD

Le Mensonge de la Résurrection de Jésus

Excellente propagande antireligieuse. — Un volume, 3 fr., 3 50 franco.

La Mort des Religions, par A. Lorulot. (Dialogues entre un prêtre et un professeur). *Jolie brochure* : 0,80 *franco*.

Le Célibat des Prêtres, par P. Galimant, 0,10.

LES CORRUPTIONS DU CHRISTIANISME
PAR ANDRÉ LIMOUZIN. — Une brochure, 0,60 franco.

Ch. Beauquier, *Petit Manuel des esprits forts*, vigoureuse et spirituelle critique des religions. Une forte brochure (96 pages), 0 fr. 30 franco.

ADRESSER LA CORRESPONDANCE A ANDRÉ LORULOT. à CONFLANS-HONORINE, (Seine et Oise)

PRIX : 0,75